SQL Handbuch für Anfänger

Mit SQL Datenbanken Schritt für Schritt anlegen, verwalten und abfragen – inkl. Praxisbeispiele

Tobias Stroek

INHALT

Das erwartet Sie in diesem Buch

Kam Ihnen beim Bezahlen Ihrer Einkäufe im Supermarkt schon mal die Frage, wie all die vielen Transaktionen samt der enthaltenen Artikel, Rabatte und weiteren wichtigen Informationen in Windeseile weiterverarbeitet und gespeichert werden und wie jede Transaktion direkt auf einem Kassenbon landet?

Oder haben Sie sich schon mal gefragt, wie große Versicherungsanbieter unter Millionen Kunden und vermutlich Milliarden persönlicher Daten (Alter,

Wohnort, Familienstand, Art der Versicherung etc.) in kürzester Zeit die spezifischen Daten eines einzelnen Kunden finden können, wenn dieser Nachfragen dazu hat?

Oder waren Sie erstaunt, dass Sie beim Kundenservice Ihres Internetanbieters eine halbe Stunde in der Warteschleife hingen, die Mitarbeiterin dann aber binnen weniger Sekunden Ihre Vertragsdaten gefunden hat?

Oder haben Sie viel zielstrebiger nach diesem Buch oder einem ähnlichen Buch Ausschau gehalten, weil Sie schon etwas von der Antwort auf die soeben gestellten Fragen wissen und sich nun näher darüber informieren möchten? Eventuell sogar, weil dies für Ihre berufliche Zukunft nötig ist?

Ganz gleich, weshalb Sie auf dieses Buch gestoßen sind, die Antwort auf Ihre Fragen lautet „SQL". Egal, ob SQL für Sie nun ein mysteriöses Zauberwort oder doch schon ein geläufiger Begriff ist, werden Sie im Folgenden erfahren, was diese drei Buchstaben zu bedeuten haben. Und falls Sie am Ball bleiben, werden Sie auch in der Lage sein, die Grundsätze von SQL selbst zu erlernen. Sie werden nicht nur verstehen, wie SQL Millionen oder gar Milliarden von Einträgen in einer Datenbank binnen Sekunden durchsuchen, aktualisieren, speichern oder löschen kann, sondern auch, wie Sie selbst in einem Urwald aus Daten den richtigen „Baum" ausfindig machen und Ihren Wünschen entsprechend umgestalten können.

SQL verstehen

WAS IST SQL?

Diese Frage zu beantworten ist ganz einfach, möchte man etwas vorschnell sagen. In der heutigen Zeit braucht man für solche Fragen kein Lexikon zu bemühen oder gar eine Bibliothek aufzusuchen. Eine kurze Google-Suche liefert schon die Erklärung: **SQL steht für Structured Query Language, zu Deutsch also etwa „Strukturierte Abfragesprache".** Und wenn man noch ein, zwei Sätze weiterliest, verrät das Internet sogar den **Zweck: Mit dieser Sprache sollen also Daten in einer Datenbank strukturiert, ausgelesen und bearbeitet werden.** Schon ist diese Frage geklärt.

Doch halt, nicht so hastig! Datenbank? Was ist das denn? Wozu braucht man die?

Bevor man sich damit befasst, was SQL mit einer Datenbank anstellt, muss man unbedingt wissen, was eine Datenbank ist, welchem Zweck jene dient und wie sie funktioniert, denn ohne diese Frage zu klären, verstünde man bei allen Erläuterungen über SQL nur Bahnhof. Etwa so, als möchte man erfahren, wie mancher Mathematiker versucht, alle existierenden Primzahlen zu bestimmen, ohne zu wissen, was eine Primzahl denn überhaupt ist. Also lautet die wichtigere Frage zunächst:

WAS IST EINE DATENBANK?

Nun, eine **Datenbank ist** nichts anderes als **eine** – zumeist **sehr umfangreiche – Sammlung von Daten.** Der Grund, warum Datenbanken häufig nicht nur nützlich, sondern absolut unverzichtbar sind, liegt in der oft extremen Menge und Vielfältigkeit der Daten und der Notwendigkeit, in kürzester Zeit einen Teil dieser Menge zu finden und zu verarbeiten.

Kommen wir zurück zu dem einen Beispiel aus dem Vorwort dieses Buches. Die größten Versicherungsanbieter in Deutschland haben Millionen von Kunden. Zu jedem dieser Kunden werden unzählige Daten gespeichert. Und ständig rufen diese Kunden beim Kundenservice an, um etwas wissen zu wollen, neue Verträge, sprich neue Daten, abzuschließen oder bestehende Verträge zu kündigen, also Daten löschen zu lassen.

Betrachtet man die Alternativen, wie man diese Vorgänge ohne Nutzung von Datenbanken bearbeiten müsste, fragt man sich, wie dies früher ohne Internet überhaupt mal möglich war. Man könnte für jeden Kunden einen Ordner mit den entsprechenden Daten in Papierform anlegen und dann in riesigen Hallen all diese Ordner aufbewahren. Wenn der Kunde nun einen Vertrag ändern möchte, geht die Mitarbeiterin aus dem Kundenservice in die riesige Halle, schaut nach dem Namen des Kunden, sucht unter den Millionen von (hoffentlich zumindest alphabetisch sortierten) Ordnern denjenigen des Kunden heraus, schaut dann nach der richtigen Seite, nimmt einen Kugelschreiber und streicht nun nicht mehr gewünschte Teile des Vertrages durch? Der Kunde hätte längst aufgelegt und sich einen neuen Anbieter gesucht.

Deutlich zielführender mutet es da schon an, solch große Datenmengen auf einem Datenbankserver zu speichern. Solch ein Server ist nichts anderes als ein Rechner mit sehr großem Speicher, der rund um die Uhr läuft. Er wird sinnvollerweise stark gekühlt, ist möglichst gut geschützt und unzugänglich. Und er erfüllt keinen einzigen anderen Zweck, als Daten zu sammeln. Also das krasse Gegenteil zu der zuvor genannten großen Halle: Ein im Verborgenen untergebrachter, für nicht authentifizierte Interessenten unzugänglicher Speicher von Daten, der stets verfügbar und vorzüglich gesichert ist oder besser gesagt sein sollte, wenn der Betreiber alles richtig macht.

Um nicht das Thema aus den Augen zu verlieren und in weitere Einzelheiten abzudriften, sei an dieser Stelle auf weitere Erläuterungen, wie Server funktionieren, verzichtet und auf entsprechende Fachliteratur verwiesen.

Die zahlreichen Daten werden auf einem solchen Server jedenfalls nicht als „normale" Text- oder Worddateien gespeichert. Warum nicht, das mache ich privat doch auch so, fragen Sie sich nun vielleicht. Dateien benötigen sehr viel Speicherplatz und sind sehr langsam zu durchsuchen und zu bearbeiten. Haben Sie schon mal Ihre komplette Festplatte des eigenen Rechners nach einer bestimmten Datei durchsucht? Das dauert gefühlte Ewigkeiten. Und selbst, wenn Sie die korrekte Datei gefunden haben, sind Sie noch nicht am Ziel angelangt. Denn das wäre, um beim Beispiel des Versicherungsanbieters zu bleiben, erst der komplette

Vertrag des Kunden, nicht aber die spezifische Information, die der Kunde haben möchte.

Sie müssten also wiederum die Datei öffnen und durchsuchen. Beispielsweise bei einer Autoversicherung, um nachzusehen, welchen Kilometerstand der Kunde angegeben hatte. Angenommen, Sie haben die nötige Information gefunden. Nun fragt der Kunde Sie, wie hoch der Mehrpreis wäre, wenn er aufgrund eines ursprünglich nicht geplanten Urlaubs in Spanien mit 3.000 Kilometern mehr rechnet als zunächst vorgesehen.

Dann geht Ihre Suche von vorn los, weil diese Information nicht in der Datei des Kunden, sondern in einer Autoversicherungsdatei zu finden ist. Auch in diesem Fall würde spätestens jetzt Ihr Kunde auflegen und sich einen anderen Anbieter suchen.

Das Problem ist also nicht nur die schiere Menge von Daten, sondern ihre Abhängigkeit voneinander. Einer Text- oder Worddatei A („Kundendatei") kann man nicht erklären, dass sie zu einer anderen Datei B („Autoversicherungsdatei"), C („Unfallversicherungsdatei") usw. gehört.

Ein Programm, das sich die nötigen Informationen aus verschiedenen nicht zueinander gehörenden Dateien sammelt, ist also um ein Vielfaches schneller als die Mitarbeiterin in einer Halle mit Ordnern und Papieren, aber immer noch viel zu langsam, als dass damit große Anbieter schnell genug an die nötigen Informationen gelangen.

Die Lösung, um verschiedene Daten, die zwar miteinander zu tun haben, aber in verschiedenen Bereichen zu finden sind, binnen kürzester Zeit zu sammeln und zu bearbeiten, ist eine Datenbank. Doch wie geht das?

WIE FUNKTIONIERT EINE DATENBANK?

Auch an dieser Stelle sei auf entsprechende Fachliteratur verwiesen, da sich dieses Buch auf die absoluten Grundsätze beschränkt.

Eine Datenbank ist, wie bereits angesprochen, auf einem **Datenbankserver** untergebracht. Sie **besteht** in aller Regel **aus** zahlreichen verschiedenen **Tabellen. In jeder Tabelle wird ein eigener Bereich mit eigenen Informationen (nichts anderes sind Daten) verwaltet. Die Tabellen sind** üblicherweise **voneinander abhängig** und bewegen sich alle in der gleichen „Welt". Eine Tabelle A ist mit einer Tabelle B über eine oder mehrere Spalten verknüpft. **So lassen sich verschiedene Informationen rasend schnell zusammenführen, indem mittels der im Folgenden erläuterten „Abfragesprache" SQL über diese Verknüpfungen auf unterschiedliche Tabellen und ihre Daten zugegriffen wird.**

Um nicht nur bei einem einzigen Beispiel zu bleiben, sei nun nicht mehr auf den Versicherungsanbieter verwiesen, sondern schauen Sie sich einen großen Supermarkt an.

Täglich werden dort an jeder einzelnen Kasse hunderte, eventuell sogar tausende Käufe, sprich Transaktionen durchgeführt. Jede dieser Transaktionen besteht aus mindestens einem, fast immer mehreren Artikeln und wird zu einer bestimmten Uhrzeit und an einem bestimmten Ort durchgeführt.

Wenn nun also der Inhaber der Supermarktkette erfahren möchte, ob sein Almdudler in Kiel deutlich seltener verkauft wird als in München und er ihn daher vielleicht besser nicht mehr im Sortiment führen sollte, benötigt er die entsprechenden Informationen aus verschiedenen Tabellen. In der Datenbank existiert nun beispielsweise eine Tabelle „Transaktionen", die u. a. die Spalten „Datum" und „Kasse" enthält. Des

Weiteren gibt es eine Tabelle „Artikel", in der u. a. die Spalte „Name" existiert. In einer weiteren Tabelle namens „Shops" ist hinter-legt, wo sich der Shop befindet, an dessen Kasse die Transaktionen erfolgt sind.

Die Tabelle „Transaktionen" ist also mit der Tabelle „Kassen" verknüpft und die Tabelle „Kassen" wiederum mit der Tabelle „Shops". Sinnvollerweise ist die Tabelle „Transaktionen" zusätzlich auch direkt mit der Tabelle „Shops" verknüpft, da dem Inhaber der Supermarktkasse in dem geschilderten Fall genügt, zu wissen, ob der Almdudler in Kiel oder in München öfter verkauft wurde, ohne sich dafür zu interessieren, ob Kasse 1 in Kiel mehr Almdudler verkauft hat oder Kasse 4. Jede überflüssige Abfrage einer zusätzlichen Tabelle oder anders gesagt, jede fehlende Verknüpfung zwischen den Tabellen verlängert die Ausführungszeit einer Abfrage von Daten (in diesem Fall also die fehlende Information, dass sowohl Kasse 1 als auch Kasse 4 zum gleichen Shop in Kiel gehören).

Sie sehen, eine Datenbank korrekt anzulegen, ständig zu verwalten und performant zu halten, ist kein Kinderspiel und der entsprechende Aufwand nicht zu unterschätzen. Wie gesagt, schauen Sie in entsprechende Fachliteratur, wenn Sie genauer wissen möchten, wie eine Datenbank anzulegen und zu warten ist. Dieses Buch beschränkt sich im Folgenden auf die Frage, wie man die Daten in einer bereits bestehenden Datenbank bearbeiten kann.

WIE FUNKTIONIERT SQL?

Sie wissen nun, was eine Datenbank ist und wozu man sie braucht. Sie wissen ebenfalls, dass SQL eine Abfragesprache ist, mit der Sie Daten in einer Datenbank beliebig anzeigen lassen und verändern können. Es würde zu weit führen, zu erklären, wie Sie auf Ihrem Rechner einen Datenbankserver inklusive Datenbank und Datenbankmanagementsystem (damit können Sie SQL-Abfragen auf dieser Datenbank ausführen) einrichten.

Daher wird in diesem Buch vorausgesetzt, dass Sie entweder schon eine Datenbank zur Verfügung haben oder alternativ im Internet auf Beispielseiten anhand einer virtuellen Datenbank SQL erlernen möchten. Ziel dieses Buches ist, dass Sie binnen eines Tages die Grundsätze von SQL verstehen und mehr oder weniger komplexe SQL-Abfragen ausführen können. Doch bevor man selbst SQL-Abfragen ausführt und testet, sollte man die verschiedenen Typen von SQL-Abfragen verstehen.

Der Name „SQL" legt nahe, hiermit könne man lediglich Daten abfragen, denn schließlich steht das „Q" für „Query", zu Deutsch „Abfrage". Um Sie als Leser nicht direkt zu verwirren und konsistent zur englischen Abkürzung zu bleiben, wurde entsprechend auch in diesem Buch bisher immer der Ausdruck „Abfrage" verwendet. Das ist allerdings lediglich einer von mehreren Anwendungsfällen.

Es ist wohl der mit Abstand meistgenutzte Anwendungsfall, weshalb die Sprache vermutlich auch nach ihm benannt ist, denn in der Regel erfolgt zunächst immer eine Abfrage der Daten aus der Datenbank, egal ob diese Daten dann nur angezeigt oder in einem späteren Schritt verändert werden sollen.

Es ist elementar, sich Folgendes klarzumachen: **Eine Abfrage (Query) von Daten sammelt lediglich bereits bestehende Daten aus einer Datenbank und zeigt diese an!** Sie ändert in keiner Weise diese Daten. **Jede dieser Abfragen beginnt mit dem Schlüsselwort SELECT.**

Um alle anderen „Abfragen", allgemeiner und zutreffender wäre in diesem Fall der Begriff „Befehl", durchzuführen, benötigt man ein anderes

Schlüsselwort. **Im Folgenden werden die wichtigsten Schlüsselwörter für solch andere Anwendungsfälle** schon mal **erwähnt**, denn diese werden Sie später noch genauer kennenlernen.

- Um Daten in der Datenbank zu verändern bzw. zu **aktualisieren**, benutzt man das Schlüsselwort **UPDATE.**

- Um Daten zu **löschen**, benutzt man das Schlüsselwort **DELETE**.

- Um neue Daten **hinzuzufügen**, benutzt man das Schlüsselwort **INSERT**.

- Um anzugeben, welche Daten man **anzeigen oder bearbeiten** möchte, benutzt man das Schlüsselwort **WHERE.**

Im Folgenden werden Sie erfahren, wie man statt der einzelnen Schlüsselwörter komplette SQL-Befehle erstellt.

SYNTAX DER SQL-BEFEHLE

Eben wurde Ihnen der Unterschied zwischen SQL-Abfragen (englisch „query") und SQL-Befehlen (englisch

„command") erklärt. Falls Sie im Anschluss der Lektüre dieses Buches mehr über SQL erfahren möchten und in Fachliteratur oder im Internet recherchieren, werden Sie vor allem auf diesen Punkt achten müssen.

SQL ist unglaublich vielfältig, komplex und schwierig. Sie sollten sich darüber klar sein, dass dieses Buch lediglich eine Einführung bietet und Ihnen die Grundsätze anhand praktischer Beispiele näherbringen möchte. Für alles Weitere benötigen Sie vor allem Übung und müssen sich ausprobieren. Daher sollten Sie für diesen Zweck selbstverständlich eine Testdatenbank oder eine virtuelle Datenbank im Internet benutzen, die Sie bedenkenlos als Spielwiese benutzen können.

Doch nun sei der Blick auf die SQL-Befehle gerichtet. Bitte beachten Sie, dass in diesem Kapitel zunächst noch auf konkrete Beispiele verzichtet und lediglich der Aufbau, im Fachbegriff die Syntax, der SQL-Befehle vorgestellt wird, denn bevor man SQL-Befehle in der Praxis ausführt, muss man ihre Syntax verstanden haben. Etwaige Beispiele beschränken sich zunächst also nur auf den Aufbau der Befehle.

Die konkreten Anwendungsfälle aus der „realen Welt", die Sie testen können, folgen im Anschluss. Sollten Sie während der Lektüre dieses Abschnitts

Verständnisprobleme haben, lesen Sie sich bitte trotzdem zunächst diesen „theoretischen" Teil durch, da damit die nachfolgen-den praktischen Fälle deutlich leichter zu begreifen sein werden.

Eben wurden Ihnen verschiedene Schlüsselwörter vorgestellt, die immer am Anfang des Befehls stehen. Ihnen ist sicherlich aufgefallen, dass diese Schlüsselwörter alle großgeschrieben sind. Das ist kein Versehen, denn viele SQL-Befehle, insbesondere Abfragen, können sehr lang werden. Zum Zweck der Übersichtlichkeit sollten Schlüsselwörter immer großgeschrieben werden, das machen selbst SQL-Profis so. Das gilt nicht nur für die SQL-Befehle einleitenden Schlüsselwörter, sondern für jedes einzelne in einem Befehl vorkommende Schlüsselwort. Kleingeschrieben wird dagegen der ganze „Rest" des Befehls. Bei längeren Befehlen sind zusätzlich Zeilenumbrüche nach bestimmten Abschnitten einzubauen. Diese Vorgehensweise erlaubt, auch bei sehr komplexen SQL-Befehlen den Überblick zu behalten.

Zunächst sei der Blick auf die SQL-Abfragen geworfen, die nur zur Anzeige von Daten dienen, ohne sie zu bearbeiten. Wie erwähnt, **beginnt jede SQL-Abfrage mit dem Schlüsselwort SELECT. Danach folgt die Angabe der auszuwählenden Daten.**

Meist sind das eine oder mehrere Spalten aus einer oder mehreren Tabellen in der Datenbank. **Dann folgt das Schlüsselwort FROM und anschließend die Datenquelle** (meist sind das eine oder mehrere Tabellen in der Datenbank). **Optional folgt dann eine Beschränkung der Datenmenge auf bestimmte Bedingungen mit dem Schlüsselwort WHERE.**

Auch, wenn dies optional ist, wird kaum ein SQL-Befehl ohne WHERE geschrieben, da fast ausnahmslos nur ein Teil der Daten bearbeitet wird. Damit Sie beim Erlernen von SQL nicht versehentlich mehr Daten betrachten oder gar bearbeiten als gewünscht, sollten Sie niemals einen Befehl ohne WHERE ausführen. **Das Schlüsselwort WHERE verlangt logischerweise einen Ausdruck vom Typ „Bool", sprich eine Bedingung, die wahr oder falsch ist.**

Wenn Sie also einen Befehl aus-führen möchten und sich absolut sicher sind, dass jener eigentlich keine Bedingung braucht, sollten Sie während Ihrer Übungsphase schlicht WHERE 1=1 schreiben. Das 1=1 löschen Sie nach Ausführung des Befehls dann wieder, das WHERE lassen Sie stehen. Dadurch stellen Sie sicher, dass Sie bei Ausführung des nächsten Befehls zunächst wieder die nötige Bedingung einfügen und jene nicht vergessen, denn ein Befehl mit „leerem" WHERE wird nicht ausgeführt, somit können Sie keinen versehentlichen Schaden anrichten.

Der Aufbau einer SQL-Abfrage ist also wie folgt:

SELECT daten FROM datenmenge WHERE bedingung

Angenommen, es sollen aus einer Tabelle „Zahlen" die Spalten „zahl1" und „zahl2" ausgewählt werden, aber nur, wenn der Wert in Spalte „Zahl2" größer 10 ist, sieht die Abfrage so aus:

SELECT zahl1, zahl2 FROM zahlen WHERE zahl2 > 10

Die SQL-Abfrage lässt sich nur dann ausführen, wenn die Syntax zu 100 % korrekt ist. Jeder noch so kleine, unbedeutend erscheinende, aber die vorgegebene Syntax verletzende Fehler führt zu Nichtausführung und zu einer Fehlermeldung, das gilt auch für die Missachtung der korrekten Reihenfolge. **Beispielsweise werden folgende Abfragen fehlschlagen:**

SELECT zahl1, zahl2 WHERE zahl2 > 10 FROM zahlen → Vorgegebene Reihenfolge missachtet.

SELECT zahl1, zahl2 FROM zahlen WHERE zahl2
→ Bedingung im WHERE-Teil ist nicht vom Typ
„bool" (nicht wahr oder falsch).

Des Weiteren können selbstverständlich Befehle eine
korrekte Syntax aufweisen, jedoch nicht das gewünschte Ergebnis liefern. Deshalb sollten Sie insbesondere als Anfänger grundsätzlich immer zuerst kontrollieren, ob eine Abfrage das von Ihnen beabsichtigte
Ergebnis liefert, bevor Sie die ermittelten Daten ändern.

Beispielsweise haben diese **SQL-Abfragen** eine
korrekte Syntax, werden aber nicht das in diesem
Fall gewünschte Resultat liefern:

SELECT zahl1 zahl2 FROM zahlen WHERE
zahl2 > 10 → Das Komma nach zahl1 „fehlt", d. h. die
Abfrage wird lediglich die Spalte „zahl1" auswählen
und diese Spalte in der Ergebnismenge „zahl2" nennen,
statt beide Spalten auszuwählen.

SELECT zahl1, zahl2 FROM zahlen WHERE
zahl2 < 10 → Als Bedingung werden alle Daten berücksichtigt, bei denen die Spalte „zahl2" einen Wert
kleiner 10 hat statt größer 10.

In diesem Fall besteht sowohl die Datenmenge (hier die Tabelle „zahlen") nur aus einer einzigen Tabelle als auch das WHERE (hier: Die Spalte „zahl2" hat einen Wert größer 10) nur aus einer einzigen Bedingung. Wie man aus mehreren Tabellen Daten abfragt und mehrere Bedingungen festlegt, wird später noch im praktischen Teil erläutert. Auch weitere wichtige Punkte zu den SQL-Abfragen werden später noch betrachtet. An dieser Stelle sei zunächst nur noch abschließend auf die wichtige Möglichkeit verwiesen, statt einer spezifischen Auswahl (im Beispiel die Spalten „zahl1" und „zahl2") alle Spalten aus der Datenmenge auszuwählen. Dazu benutzt man einfach * statt der Spaltennamen. Also

SELECT * FROM zahlen WHERE zahl2 > 10: Wählt alle Spalten aus der Tabelle „zahlen" aus, bei denen die Spalte „zahl2" einen Wert größer 10 hat.

Als nächste Art von SQL-Befehlen wird nun das **DELETE** betrachtet. **Mit diesem Schlüsselwort wird das Löschen von Daten aus einer Tabelle eingeleitet.** Ein DELETE-Befehl, im Folgenden auch Löschvorgang genannt, weist von der Syntax her Ähnlichkeiten zu den Abfragen auf. **Ein Löschvorgang ist nur in**

der Lage, eine oder mehrere komplette „Zeilen"
oder „Datensätze" aus einer Tabelle zu löschen,
nicht aber den Inhalt einzelner Spalten. Für diesen
Zweck sind andere Befehle erforderlich, die in diesem
Buch nicht vorgestellt werden.

Was heißt das nun konkret? Angenommen, die bereits als Beispiel aufgeführte Tabelle „zahlen" besteht
lediglich aus den schon genannten Spalten „zahl1" und
„zahl2" und enthält nur zwei Datensätze.

• Der erste Datensatz enthält als Wert der Spalte
„zahl1" 1 und als Wert der Spalte „zahl2" 2.

• Beim zweiten Datensatz hat die Spalte „zahl1" den
Wert 3 und die Spalte „zahl2" den Wert 4.

Mit einem **DELETE** kann man nun **entweder beide
Datensätze oder einen der beiden Datensätze löschen**. Man kann hingegen mit solch einem Befehl
nicht die Tabelle selbst oder deren Spalten löschen.
Und man kann auch nicht nur den Wert einer der beiden Spalten löschen, sprich zum Beispiel den Wert der
Spalte „zahl1" auf 0 setzen und jenen der Spalte „zahl2"
unverändert lassen. Das mag an dieser Stelle noch unbedeutend oder gar unklar klingen, ist aber sehr wichtig, um die nachfolgenden Beispiele im praktischen
Teil zu verstehen.

Die Syntax eines Löschvorgangs lautet entweder wie folgt:

DELETE datenmenge WHERE bedingung

oder aber alternativ

DELETE FROM datenmenge WHERE bedingung.

Wie bei einer Abfrage ist auch bei einem Löschvorgang das WHERE optional, prinzipiell kann man schlicht ohne jegliche Bedingung die komplette Tabelle leeren. Das Schlüsselwort FROM ist beim Löschen von Daten nicht nötig, man kann es je nach persönlichem Geschmack dazuschreiben oder weglassen. Dies gilt auch für einige andere Schlüsselwörter. Vermutlich möchte SQL sowohl Anfängern, die beim Erlernen zur besseren Übersichtlichkeit jedes optionale Schlüsselwort tatsächlich hinschreiben, als auch „alten Hasen", die keinen Buchstaben mehr als unbedingt nötig verwenden, das Ausführen von Befehlen gestatten.

Jedenfalls sind, um auf die Zahlentabelle zurückzukommen, **folgende Varianten möglich**.

DELETE zahlen → Beide Datensätze werden aus der Tabelle entfernt.

SQL HANDBUCH

DELETE FROM zahlen → Beide Datensätze werden aus der Tabelle entfernt.

DELETE zahlen WHERE zahl1 = 3 → Nur der zweite Datensatz wird aus der Tabelle entfernt. Beim ersten Datensatz hat die Spalte „zahl1" den Wert 1.

Auch hier gelten ansonsten dieselben Dinge wie bei Abfragen. Es empfiehlt sich, das DELETE zunächst als SELECT zu schreiben und zu prüfen, ob das Ergebnis der Abfrage tatsächlich den zu löschenden Daten entspricht.

Und um ganz sicherzugehen, schadet es insbesondere beim Erlernen von SQL auch in diesem Fall nicht, eine „Dummy-Bedingung" einzubauen, selbst wenn man weiß, dass man die ganze Tabelle leeren möchte. Also um wirklich 100 % sicherzugehen, kann man trotz des Wissens, dass man ohnehin die **ganze Tabelle leeren** möchte, zunächst eine **Abfrage wie folgt schreiben:**

SELECT * FROM zahlen WHERE 1=1 → Die komplette Tabelle „zahlen" wird ausgewählt und angezeigt.

Daraus macht man dann ein DELETE, indem man einfach das „SELECT *" durch „DELETE" ersetzt.

DELETE zahlen WHERE 1=1 → Alle Datensätze aus der Tabelle „zahlen" werden gelöscht.

Als nächsten Schritt sollen **nun vorhandene Daten in einer Tabelle geändert bzw. aktualisiert werden,** d. h. das **Schlüsselwort UPDATE** wird benötigt. Die grundsätzliche Syntax eines UPDATE-Befehls, im Folgenden auch Aktualisierung genannt, kann man wie folgt beschreiben:

UPDATE tabelle SET Spalten = Werte WHERE bedingung

Das **WHERE** ist wie gewohnt **optional,** aber in aller Regel nötig, da man sonst jeden einzelnen Datensatz der Tabelle aktualisieren würde.

Um zum Beispiel der Zahlen-Tabelle zu kommen, sei angenommen, für den ersten Datensatz der Tabelle soll der Wert beider Spalten geändert werden, der zweite Datensatz soll unverändert bleiben. Das bedeutet, dass eine Aktualisierung mit WHERE vorgenommen werden muss, da ohne WHERE auch der zweite Datensatz verändert würde.

Konkret soll nun der Wert von Spalte „zahl1" von 1 auf 10 und jener der Spalte „zahl2" von 2 auf 20 gesetzt werden.

Der genannten Syntax entsprechend wird also folgender Befehl ausgeführt:

UPDATE zahlen SET zahl1 = 10, zahl2 = 20 WHERE zahl1 = 1

Grundsätzlich **kann ein einziges Update beliebig viele verschiedene Spalten und Datensätze aktualisieren,** wie bei einem DELETE wird die Tabellenstruktur allerdings nicht geändert, lediglich der Inhalt. Um Spalten zu einer Tabelle hinzuzufügen oder bestehende Spalten selbst zu verändern statt der Werte, die darin gespeichert sind, werden andere Befehle benötigt.

Weiter geht es mit dem nächsten Vorhaben: Nun soll kein bestehender Datensatz aktualisiert, sondern **ein neuer Datensatz in die Tabelle aufgenommen werden.** Dazu verwendet man das **Schlüsselwort IN-SERT** (zu Deutsch „Einfügen"). Bei INSERT-Befehlen (im Folgenden auch Einfügen genannt) gibt es nicht **nur eine mögliche Syntax.** Man kann statt einzelner Datensätze auch beispielsweise die Hälfte einer Tabelle in eine andere Tabelle kopieren und einfügen (vorausgesetzt, die Datenstruktur der beiden Tabellen ist gleich, man möchte also keine Buchstaben in eine Spalte kopieren, die nur Ziffern erlaubt). Das führt in diesem Buch allerdings zu weit.

Hier soll also ausschließlich folgende Syntax beim Einfügen betrachtet werden:

INSERT INTO tabelle (Spalten) VALUES (Werte)

Auch das klingt so vermutlich wenig einleuchtend, also hier der Blick auf die Zahlen-Tabelle.

Es soll nun ein Datensatz eingefügt werden, der in Spalte „zahl1" den Wert 5 und in Spalte „zahl2" den Wert 8 hat.

Der Befehl sieht dann so aus:

INSERT INTO zahlen (zahl1, zahl2) VALUES (5,8)

Während bei Löschvorgängen oder Aktualisierungen der Fokus vor allem auf der Korrektheit der zu löschenden oder zu aktualisierenden Daten liegt, ist beim Einfügen primär das Einhalten der korrekten Syntax ausschlaggebend, denn das Einfügen falscher Daten ist meist recht „unbedenklich", zumindest, sofern man „Protokoll führt" und die Datenbank vernünftig angelegt ist, also zum Beispiel eine nur für Zahlen bestimmte Spalte keine Buchstaben oder Sonderzeichen zulässt. **Beim Einfügen muss also zunächst kontrolliert werden, dass die Anzahl der Spaltennamen** (im Beispiel 2) **der Anzahl von Werten entspricht** (im Beispiel ebenfalls 2) **und dass alle Werte für die genannte Spalte valide sind.** Natürlich muss auch die Reihenfolge der Spalten jener der zugehörigen Werte entsprechen, wenn der Befehl sein Ziel erreichen soll.

Was heißt das nun? Nun, wenn man den o. g. Befehl verändert, kommen da zum Beispiel folgende unbeabsichtigte Versionen heraus:

INSERT INTO zahlen (zahl1, zahl2) VALUES (8,5)
→ Der Wert der Spalte „zahl1" wird auf 8 gesetzt und der Wert der Spalte „zahl2" auf 5, gewünscht war es aber umgekehrt.

INSERT INTO zahlen (zahl1, zahl2) VALUES (5)
→ Der Befehl wird nicht ausgeführt, da mehr Spalten als Werte angegeben wurden.

Möchte man tatsächlich den Wert beider Spalten auf 5 setzen, müsste man schreiben:

INSERT INTO zahlen (zahl1, zahl2) VALUES (5,5)

Es gibt unzählige weitere SQL-Schlüsselwörter und verschiedene Arten von Befehlen, aber das würde hier den Rahmen sprengen. SQL ist unglaublich mächtig und vielseitig, aber auch entsprechend sehr kompliziert. An dieser Stelle sollte ein Anfänger sich daher zunächst auf die soeben vorgestellten Befehle beschränken und diese in der Praxis erlernen. Viele weitere dabei nötigen Schlüsselwörter wird man dann ohnehin noch kennenlernen.

SQL anwenden

SELECT

In diesem Buch haben Sie bisher erfahren, was eine Datenbank und deren Zweck ist, was SQL ist, wozu man SQL braucht und wie die wichtigsten Befehle strukturiert sind. Nun ist es an der Zeit, dass Sie diese Befehle anwenden und dabei die schon erwähnten, aber auch zahlreiche weitere Schlüsselwörter kennenlernen.

Es empfiehlt sich, zum Erlernen von SQL eines der zahlreichen Angebote im Internet wahrzunehmen. Ich selbst habe auf dieser Seite trainiert und kann diese gern weiterempfehlen:

https://sqlzoo.net/ .

Der Fokus liegt auf dieser Seite wie auch in diesem Buch sinnvollerweise auf den reinen Abfragen, da man diese zuerst verinnerlicht haben sollte, bevor man sich den anderen Befehlen widmet. Vieles ist sicherlich selbsterklärend oder beim Erledigen der dort beschrieben Aufgaben zu erlernen, trotzdem sei hier unterstützend und ergänzend auf die dort beschriebenen SQL-Abfragen eingegangen.

Im Punkt 0 der Seite, also bei den sog. „SELECT Basics" wird die Tabelle „bbc" vorgestellt: https://sqlzoo.net/wiki/SELECT_basics/de .

Diese Tabelle ist ein sehr intuitives, vergleichsweise einfaches Beispiel und beinhaltet verschiedene Daten zu allen Staaten dieser Welt. Zunächst sei die Tabelle kurz analysiert: Sie besteht aus fünf Spalten, namentlich „name", „region", „area", „population" und „gdp". Die Spalten „name" und „area" bestimmen Name und Region des Staates, sind also vom Typ **varchar (Zeichenkette)**. Die Spalten „area" (Fläche), „population" (Bevölkerung) sowie „gdp" (Pro-Kopf-Einkommen) hingegen sind vom Typ **int**, d. h. sie lassen **nur Ziffern** zu.

Nun schaue man sich die erste Aufgabe an: Dort wird folgende Abfrage angegeben:

SELECT population FROM bbc WHERE name = 'France'

Man sieht, auch auf dieser Seite werden wie in diesem Buch die SQL-Schlüsselwörter großgeschrieben (hier SELECT, FROM und WHERE). Die Syntax entspricht bereits der korrekten Form, d. h. nach dem einleitenden SELECT folgt der Name der auszuwählenden Spalte (hier die Bevölkerung, „population"), dann nach dem FROM der Name der Tabelle (hier natürlich „bbc", da bisher keine andere Tabelle vorgestellt wurde) und abschließend nach dem WHERE die Bedingung, d. h. die Spalte „name" soll den Wert „France" haben. **Das Ziel dieser Abfrage ist also klar: Ausschließlich die Bevölkerung Frankreichs wird ausgewählt, das Ergebnis der Abfrage wird keine weiteren Daten enthalten.** Dem aufmerksamen Beobachter ist sicher aufgefallen, dass **„France" in Hochkommata** steht. Diese sind **erforderlich, weil „France" keine Zahl, sondern eine Zeichenkette (auch varchar genannt) ist**. Ohne Hochkommata zu verwenden, können ausschließlich Zahlen abgefragt werden. Probieren Sie es aus: Wenn Sie die Hochkommata vergessen, ist der Befehl nicht korrekt und Sie bekommen eine **Fehlermeldung**:

SELECT population FROM bbc WHERE name = France → Unknown column „France" in where clause

Ziel der Aufgabe ist es, einfach statt der Bevölkerung von Frankreich jene von Deutschland anzuzeigen. Folglich genügt es, **„France" durch „Germany" zu ersetzen.**

SELECT population FROM bbc WHERE name = 'Germany' → Correct answer

Man schaue sich nun die zweite Aufgabe an. **Ziel** ist jetzt, den **Namen und das Pro-Kopf-Einkommen für jedes Land mit einer Fläche von mehr als 5 Mio. km² anzuzeigen.**

Unter der Bevölkerungsdichte versteht man die Division aus Bevölkerung („population") durch Fläche („area"), unter dem Pro-Kopf-Einkommen die Division aus gdp durch Bevölkerung. Die bereits voreingestellte Abfrage zeigt den Namen sowie die Bevölkerungsdichte der Länder:

SELECT name, population/area FROM bbc WHERE area > 5000000

Das Beispiel zeigt zwei mathematische Funktionen (/ für Division, > für größer als), die also auch in SQL problemlos funktionieren.

An dieser Stelle sei die Möglichkeit erwähnt, einen Namen für die ausgewählte Spalte, einen sog. Alias, zu vergeben. Man könnte die Bevölkerungsdichte sinnvollerweise als Bevölkerungsdichte bezeichnen. Ein Alias kann mit oder ohne Nutzung des Schlüsselwortes AS direkt hinter die auszuwählenden Spalten hinzugefügt werden. Angenommen, der Name der ersten Spalte darf unverändert bleiben, wird also aus der eben genannten Abfrage diese hier:

SELECT name, population/area AS Bevölkerungsdichte FROM bbc WHERE area > 5000000

Oder **alternativ**, ohne das optionale Schlüsselwort AS zu benutzen:

SELECT name, population/area Bevölkerungsdichte FROM bbc WHERE area > 5000000

Beim Angeben eines Alias sind keine Hochkommata notwendig.

Noch einmal zurück zu den eben angesprochenen mathematischen Funktionen. Streng genommen ist nur die Division eine mathematische Funktion, dagegen ist das > genau wie das < ein Vergleichsoperator. Was sollen nun diese Spitzfindigkeiten, möchte man fragen.

Nun, es gibt noch weitere oft benötigte Vergleichsoperatoren und auch noch etliche andere Funktionen.

Es ist wichtig, dass man sich den Unterschied begreiflich macht: Ein Vergleichsoperator vergleicht (wie der Name schon sagt) verschiedene Werte und liefert als Ergebnis einen Ausdruck vom Typ bool, sprich wahr oder falsch, eignet sich also vorzüglich als Bedingung in einem WHERE. Eine Funktion dagegen liefert keinen Ausdruck vom Typ bool, sondern einen Wert. Die mathematischen Funktionen liefern Zahlen, andere Funktionen dagegen auch Zeichenketten.

An dieser Stelle sollten Sie sich mit den wichtigsten Vergleichsoperatoren vertraut machen, da diese sehr häufig benötigt werden. Es sei der Vollständigkeit halber erwähnt, dass die Vergleichsoperatoren und Funktionen, falls erforderlich, auch in anderen Typen von SQL-Befehlen verwendet werden können statt der in diesem Kapitel erläuterten Abfragen (SELECTs). In den meisten Fällen benutzt man sie aber in Abfragen.

Folgende Vergleichsoperatoren sollten Sie sich gut einprägen und ausprobieren:

= gleich

<> oder als zweite Möglichkeit != ungleich → Dieser Vergleichsoperator funktioniert auch bei Zeichenketten.

> echt größer

< echt kleiner

>= größer gleich

<= kleiner gleich

Folgende zwei **Vergleichsoperatoren** sind auch noch wichtig, aber nicht mathematischer Natur:

IS NULL → NULL

bzw.

IS NOT NULL → Nicht NULL

Warum, Null ist doch eine Zahl, fragen Sie nun vielleicht. Aber **Achtung! Null, korrekt geschrieben NULL, ist in SQL keine Zahl! 0 ist eine Zahl. NULL ist nichts anderes als das SQL-Schlüsselwort für eine leere Zeichenkette.** Wenn eine Spalte keinen Wert hat, sondern komplett leer ist, ist die oben genannte Bedingung IS NULL erfüllt. Ist eine Spalte nicht leer, ist sie NOT NULL. Eine Spalte, in der die Zahl 0 steht, ist = 0, aber trotzdem NOT NULL, da sie nicht leer ist! Das Schlüsselwort NULL wird, da es wie alle anderen SQL-Schlüsselwörter aus dem Englischen kommt, „nall" ausgesprochen, somit können Sie es auch sprachlich von der 0 unterscheiden. Die Verwechslungsgefahr zwischen „NULL" und 0 besteht ohnehin nur im Deutschen, das hatte man bei der Vergabe der Schlüsselwörter vermutlich nicht bedacht oder zumindest nicht für wichtig befunden.

Aber eins nach dem anderen, Sie sollten die Vergleichsoperatoren nun unabhängig von den auf der Seite angegebenen Aufgaben einfach mal ausprobieren. Geben Sie bitte einfach folgende oder ähnliche Abfragen ein und schauen Sie sich das Ergebnis an. Wichtig ist, dass Sie ein Gefühl für diese Vergleichsoperatoren bekommen und sich ausprobieren, nicht einfach nur alles abtippen oder gar kopieren und auf Ausführen klicken:

SELECT * FROM bbc WHERE area = 357027 → Da sollten die Daten zu Deutschland herauskommen.

SELECT * FROM bbc WHERE name != Spain → Da sollten alle Länder außer Spanien herauskommen.

SELECT * FROM bbc WHERE population > 1000000 AND population < 2000000 → Da sollten alle Länder mit einer Bevölkerung über 1 Mio. und unter 2 Mio. Einwohnern herauskommen.

SELECT * FROM bbc WHERE population >= 500000 AND population <= 1000000 → Da sollten alle Länder mit einer Bevölkerung größer gleich 500000 und einer Bevölkerung kleiner gleich 1000000 herauskommen.

SELECT * FROM bbc WHERE gdp IS NULL → Da sollten alle Länder herauskommen, bei denen das gdp nicht bekannt ist, also in der Datenbank nicht gepflegt oder kurz NULL ist.

SELECT * FROM bbc WHERE gdp IS NOT NULL → Da sollten folglich alle Länder herauskommen, bei denen das gdp bekannt und gepflegt oder kurz NOT NULL ist.

Falls Sie gut aufgepasst haben, sind Ihnen sicherlich einige Dinge aufgefallen. Sie sollten idealerweise zum Beispiel direkt erkannt haben, dass die zweite Abfrage, also jene, die alle Länder außer Spanien anzeigen soll, nicht erfolgreich ausgeführt werden kann. Falls Sie das nicht sofort, sondern erst beim vergeblichen Versuch, die Abfrage auszuführen, bemerkt haben, ist das natürlich auch nicht schlimm.

Schließlich macht ein SELECT bekanntermaßen nichts kaputt. Der Fehler in der Abfrage sollte Ihnen aber klar sein: Es fehlen die Hochkommata, da Spanien bzw. „Spain" keine Zahl ist. Also sieht die korrigierte und korrekt funktionierende Abfrage so aus:

SELECT * FROM bbc WHERE name != 'Spain'

In der dritten Abfrage aus obiger Liste ist Ihnen sicherlich das Schlüsselwort AND ins Auge gesprungen. Dieses erlaubt, wie der Name sagt, mehrere Bedingungen anzugeben. Die Abfrage liefert ausschließlich diejenigen Datensätze, die alle Bedingungen erfüllen! Also sollten Sie bei Verwendung dieses Schlüsselwortes darauf achten, keine Bedingungen anzugeben, die sich gegenseitig ausschließen. Wenn Sie mehrere Bedingungen angeben möchten, von denen nur mindestens eine erfüllt sein muss, damit der Datensatz geliefert wird, so verwenden Sie das Schlüsselwort OR. Was heißt dies nun konkret bei der Beispieltabelle?

Angenommen, es sollen alle Länder angezeigt werden, die in der Region Europa liegen **UND** mindestens 50 Mio. Einwohner haben, so verwenden Sie das **Schlüsselwort AND**:

SELECT * FROM bbc WHERE region = 'Europe' **AND** population >= 50000000

Probieren Sie es aus und ersetzen Sie dann bitte AND durch OR. Sie werden sehen, dass dann auch Länder vom anderen Ende der Welt auftauchen, zumindest solche, die mindestens 50 Mio. Einwohner haben. Ebenso werden Sie alle möglichen kleinen Staaten in Europa sehen. Dagegen bleiben Ihnen wie gehabt diejenigen Länder verborgen, die weder mindestens 50 Mio. Einwohner haben noch in Europa liegen.

Ein sinnvoller Anwendungsfall von OR könnte hingegen zum Beispiel sein, dass Sie sowohl die Daten zu Frankreich als auch jene zu Deutschland sehen möchten. Mit einem AND bekommen sie in diesem Fall gar nichts angezeigt, da kein Land existiert, das sowohl Frankreich als auch Deutschland heißt. Diese **Abfrage liefert** folglich **kein einziges Resultat**, überprüfen Sie das gern:

```
SELECT * FROM bbc WHERE name = 'France'
AND name = 'Germany'
```

Die korrekte Abfrage liefert hingegen beide Länder:

```
SELECT * FROM bbc WHERE name = 'France' OR
name = 'Germany'
```

Da Sie nun schon so weit gekommen sind, sollten Sie an dieser Stelle noch weitere Möglichkeiten kennenlernen.

Betrachten Sie noch einmal die letzte Abfrage, die Sie über die Daten von Frankreich und Deutschland informiert, so mag Ihnen vielleicht schon aufgefallen sein, dass die Verwendung von OR in diesem Fall zu einer ziemlich umständlichen und langen Abfrage führen kann, falls Sie noch weitere Länder abfragen möchten. Bei beispielsweise zehn Ländern entsteht rasch ein unschöner „Rattenschwanz" aus fast gleichen Bedingungen:

SELECT * FROM bbc WHERE name = 'France' OR name = 'Germany' OR name = 'Spain' OR name = 'Italy' OR name = 'Poland' OR name = 'China' OR name = 'Australia' OR name = 'Russia' OR name = 'India' OR name = 'Japan'

Das ist nicht im Sinne von SQL-Abfragen, da jene möglichst kurz und übersichtlich gehalten werden sollten. Das Schlüsselwort OR wird daher in den meisten Fällen nur bei verschiedenen Bedingungen benutzt, die „nichts miteinander zu tun haben". Also zum Beispiel

SELECT * FROM bbc WHERE name = 'Germany' OR region = 'Africa' → Deutschland und alle afrikanischen Länder werden angezeigt.

Die Bedingung, ob ein Land „Deutschland" heißt, hat nichts damit zu tun, ob ein Land in der Region Afrika liegt oder nicht. Es könnte auch in Afrika ein Land namens Deutschland geben. Daher können diese unterschiedlichen Bedingungen nicht zusammengefasst werden.

Dagegen sind die im zuvor genannten Beispiel aufgeführten Bedingungen alle gleichartig. Jede der zehn Bedingungen prüft den Namen eines Landes. Man kann sagen, die Bedingung ist nichts anderes als eine Liste von zehn Namen und alle Länder, die einen in dieser Liste enthaltenen Namen haben, sollen angezeigt werden. Um solche Listen in einer Bedingung deutlich kürzer abfragen zu können, gibt es das Schlüsselwort IN. Danach werden einfach alle abzufragenden Namen mit Kommata getrennt in Klammern angegeben.

Um den großen Vorteil dieser Variante zu verdeutlichen, hier noch einmal die ursprüngliche Abfrage:

SELECT * FROM bbc WHERE name = 'France' OR name = 'Germany' OR name = 'Spain' OR name = 'Italy'

OR name = 'Poland' OR name = 'China' OR name = 'Australia' OR name = 'Russia' OR name = 'India' OR name = 'Japan'

Mit dem Schlüsselwort IN geht es deutlich übersichtlicher und kürzer:

SELECT * FROM bbc WHERE name **IN** ('France', 'Germany', 'Spain', 'Italy', 'Poland', 'China', 'Australia', 'Russia', 'India', 'Japan')

Testen Sie die beiden Abfragen, Sie werden sehen, dass das Ergebnis identisch ist. In beiden Fällen werden alle zehn angegebenen Länder angezeigt. Das ist aber nicht die einzige geniale Möglichkeit, Abfragen zu vereinfachen. Stellen Sie sich vor, Sie möchten nun stattdessen alle anderen Länder außer diesen zehn abfragen. Sie brauchen dafür nichts anderes zu tun, als das Schlüsselwort NOT zu ergänzen. Das tut nichts anderes, als eine Bedingung ins Gegenteil zu verkehren. Also schnell diese drei Buchstaben eingefügt:

SELECT * FROM bbc WHERE name **NOT IN** ('France', 'Germany', 'Spain', 'Italy', 'Poland', 'China', 'Australia', 'Russia', 'India', 'Japan')

... und zack, erscheinen die restlichen Länder der Welt. Und nebenbei sehen Sie einen weiteren gravierenden Vorteil bei der Variante mit IN bzw. NOT IN, denn möchten Sie die vorherige lange Version mit ständigem OR ins Gegenteil umkehren, müssten Sie nicht nur aus jedem = ein != machen, sondern zusätzlich alle Schlüsselwörter OR durch Schlüsselwörter AND ersetzen, denn schließlich darf keine einzige Bedingung erfüllt sein. Puh, ganz schön anstrengend im Vergleich zu der Variante, nur ein NOT ergänzen zu müssen.

Glaubt man Mark Forsters Lied, in dem es heißt „Es gibt 194 Länder", sollten die verbleibenden Länder noch 184 Stück sein. Um Einträge in einer Tabelle zu zählen, könnte man nun händisch durchzählen. Aber Sie ahnen wohl schon, dass SQL das gern für Sie übernimmt. Es ist ganz einfach: **Zählen** heißt auf Englisch **COUNT**, schon hat man das korrekte Schlüsselwort. Also haben Sie schon die passende Abfrage:

    SELECT **COUNT** (*) FROM bbc WHERE name NOT IN ('France', 'Germany', 'Spain', 'Italy', 'Poland', 'China', 'Australia', 'Russia', 'India', 'Japan')

Wenn Sie das WHERE weglassen, behauptet die Beispieltabelle, es gebe 193 Länder, mit dem WHERE werden 10 nicht angezeigt, also erscheint eine 183 als verbleibende Zahl. Bei Gelegenheit können Sie gern prüfen, ob Herr Forster sich geirrt oder die Beispieltabelle ein Land unterschlagen hat.

Sollte Ihnen das * in der Abfrage nicht gefallen, weil Ihnen dies nicht konkret genug ist, können Sie selbstverständlich auch eine bestimmte Spalte angeben. Zum Beispiel:

SELECT **COUNT** (name) FROM bbc WHERE name NOT IN ('France', 'Germany', 'Spain', 'Italy', 'Poland', 'China', 'Australia', 'Russia', 'India', 'Japan')

Das Ergebnis ist identisch wie zuvor. Nun fragen Sie sich möglicherweise, was denn passiert, wenn jemand sich einen Spaß erlaubt und den Datensatz zu Deutschland noch zehn weitere Male einfügt. Dann ermittelt die genannte Abfrage entsprechend zehn Datensätze mehr, zeigt also an, es gebe 193 statt 183 Länder (bzw. falls Sie die Abfrage ohne WHERE ausführen, 203 statt 193 Länder). **Um mehrfache, gleiche Datensätze nicht mitzuzählen,** können Sie das **Schlüsselwort DISTINCT** verwenden. Selbst, wenn dann der „Deutschland-Datensatz" 100-mal oder 100.000-mal in der Tabelle steht, wird er dann nur einmal ausgewählt.

SELECT DISTINCT name FROM bbc → Die Abfrage liefert die Namen aller Länder der Welt, jeden nur einmal, egal wie oft er in der Tabelle vorkommt.

SELECT COUNT (DISTINCT name) FROM bbc → Die Abfrage liefert die Anzahl der verschiedenen Länder, egal wie oft ein bestimmtes Land in der Tabelle vorkommt.

Und weil es so viel Spaß macht und Ihnen das Leben erleichtert, hier noch eine Vereinfachung: Das **Schlüsselwort BETWEEN statt <= und >= zu benutzen.**

Diese Abfrage würde aus einer Tabelle „zahlen" die Zahlen 1 bis 10 liefern (vorausgesetzt, die Tabelle ist komplett):

SELECT * FROM zahlen WHERE zahl >= 1 AND zahl <= 10

Das geht mit BETWEEN einfacher:

SELECT * FROM zahlen WHERE zahl BETWEEN 1 AND 10

Zu beachten ist hier, dass BETWEEN die beiden „Randwerte", hier 1 und 10, berücksichtigt, wie eben <= und <=

Falls das nicht erwünscht ist (also eine Auswahl entsprechend < und > vorgenommen werden soll), müsste man also stattdessen schreiben:

SELECT * FROM zahlen WHERE zahl BETWEEN 2 AND 9 → **also identisch zu:**

SELECT * FROM zahlen WHERE zahl > 1 AND zahl < 10 **und zu:**

SELECT * FROM zahlen WHERE zahl >= 2 AND zahl <= 9

SQL kennt unzählige weitere Funktionen, die nicht alle in diesem Buch vorgestellt werden können. Einige weitere sehr wichtige sollten Sie sich allerdings noch anschauen, bevor Sie sich schwierigeren Abfragen widmen:

SELECT MAX (population) FROM bbc → MAX wählt den höchsten Wert aus, d. h. hier die höchste Bevölkerung, die ein in der Tabelle aller Staaten enthaltenes Land aufweist.

SELECT MIN (population) FROM bbc → Das Gegenteil, d. h. die niedrigste Bevölkerung wird ausgewählt.

SELECT AVG (population) FROM bbc → AVG steht für „Average", also wird damit die durchschnittliche Bevölkerung eines Landes angezeigt.

SELECT SUM (population) FROM bbc → Summe der Bevölkerung aller Länder, also die Gesamtbevölkerung der Erde.

Und ebenfalls sehr häufig benötigt werden folgende Möglichkeiten bezüglich Zeichenketten:

SELECT * FROM bbc WHERE name LIKE („G%') → Alle Länder, deren Name mit G anfängt, werden ausgewählt. Das % besagt, dass nicht beachtet wird, wie lange der Name des Landes ist. Das heißt, sowohl Germany als auch beispielsweise Ghana werden ausgewählt.

Soll eine bestimmte Anzahl nachfolgender Buchstaben festgelegt werden, kann man statt % ein oder mehrere _ verwenden:

SELECT * FROM bbc WHERE name LIKE („G____') → Alle Länder, deren Name mit G anfängt und exakt 5 Buchstaben hat, werden angezeigt (G + 4 _).

Das sind Gabun und Ghana. Germany wird in diesem Fall nicht mehr angezeigt, weil es zu lang ist.

Letztgenannte Abfrage kann unübersichtlich werden, da das Zählen der _ wenig intuitiv ist. Daher empfiehlt sich, stattdessen **die Funktion LENGTH** zu benutzen. Diese ermittelt die Länge, also die Anzahl von Zeichen einer Zeichenkette. Man begnügt sich also mit „G%" als Angabe, dass der Name des Landes mit G beginnen soll, und verzichtet dann auf die Unterstriche. Stattdessen sieht die Abfrage so aus:

SELECT * FROM bbc WHERE name LIKE („G%') AND LENGTH (name) = 5

Die Abfrage ist deutlich einfacher zu verstehen und erzielt dasselbe Ergebnis. Leider funktioniert sie nicht auf jeder Datenbank, denn es gibt verschiedene Datenbanktypen und nicht alle Funktionen sind für alle Datenbanktypen identisch. Es würde zu weit führen, hier alle verschiedene Datenbanktypen und dazugehörigen Funktionen aufzuführen.

Schauen Sie bitte gern in entsprechender Fachliteratur nach, falls Sie mehr darüber erfahren möchten. Hier sei nur kurz auf diese Thematik hingewiesen, damit Sie sich nicht wundern, wenn eventuell eine von Ihnen für korrekt befundene Funktion nicht korrekt ausgeführt wird, da sie nicht für die von Ihnen verwendete Datenbank verfügbar ist. Beispielsweise gibt es

Datenbanken von Microsoft, sie werden MS SQL-Datenbanken genannt, oder aber welche von Oracle. **Die eben erwähnte Funktion LENGTH heißt in MS SQL-Datenbanken LEN**, funktioniert ansonsten identisch.

Die **Funktion SUBSTR in Oracle-Datenbanken bzw. SUBSTRING in MS SQL-Datenbanken** dient dazu, **einen Teil einer Zeichenkette auszuwählen**, beispielsweise die ersten fünf Stellen. Die Funktion erwartet unabhängig vom Datenbanktyp drei Parameter: Zunächst den zu betrachtenden Wert, dann die Stelle, an der der Teil beginnen soll, dann die Länge des Teils. Konkret:

SELECT SUBSTR (name,1,3) FROM bbc → Die Abfrage liefert zu jedem Land die ersten drei Buchstaben des Namens. Also exemplarisch Ger für Germany.

Möchte man stattdessen den ersten Buchstaben jedes Landes weglassen und dann die nächsten vier Stellen auswählen, sieht die Abfrage so aus:

SELECT SUBSTR (name,2,4) FROM bbc → Die Abfrage liefert also zum Beispiel erma für Germany.

In MS SQL dagegen ist das SUBSTRING auszuschreiben (im Gegensatz zu LEN, das wiederum in Oracle-Datenbanken LENGHT heißt, siehe oben). Die

Testdatenbank mit der bbc-Tabelle, auf der Sie die Übungen ausführen können, ist offensichtlich eine Oracle-Datenbank, denn dort funktionieren die Funktionen LENGHT und SUBSTR, nicht, aber LEN und SUBSTRING.

Um es nicht zu kompliziert zu machen, soll dies als Erläuterung zu den unterschiedlichen Funktionen je nach Datenbank genügen. Schauen Sie sich bitte noch folgende auf allen Datenbanken verfügbaren und sehr wichtigen Funktionen an:

ORDER BY → Diese Funktion sortiert das Ergebnis nach den vorgegebenen Kriterien. Eine dringend benötigte Funktion, da sonst die Ergebnisse in willkürlicher Reihenfolge erscheinen, denn SQL „rät", so vielfältig und intelligent es auch sein mag, nicht aktiv für Sie mit, welche Reihenfolge am ehesten Ihrem Geschmack entspricht.

Möchten Sie also die Namen aller Länder dieser Welt in alphabetischer Reihenfolge sortieren, nutzen Sie folgende Abfrage:

SELECT name FROM bbc ORDER BY name

Falls Sie lieber beim Z beginnen möchten, schreiben Sie stattdessen

SELECT name FROM bbc ORDER BY name DESC → DESC kehrt die Reihenfolge für die Sortierung um.

Häufig möchte man auch bewusst Groß- und Kleinschreibung anwenden. Also zum Beispiel statt den Namen „France" und „Germany" lieber „FRANCE" und „GERMANY" auswählen. Oder falls man keine Großbuchstaben mag, **alle Buchstaben kleinschreiben**. Um das zu erreichen, benutzt man die **Funktionen UPPER bzw. LOWER**.

SELECT UPPER (name) FROM bbc ORDER BY name → Die Abfrage zeigt alle Ländernamen komplett in Großbuchstaben und alphabetisch sortiert.

SELECT LOWER (name) FROM bbc ORDER BY name → Die Abfrage zeigt alle Ländernamen komplett in Kleinbuchstaben und alphabetisch sortiert.

Im „wahren Leben" benutzt man LOWER und UPPER meistens, um Groß- und Kleinschreibung bei Benutzereingaben zu ignorieren, also zum Beispiel ein „Default" immer als „Default" auszulesen, selbst wenn der Benutzer stattdessen Default, deFAULT oder sonstige „Variationen" des Wortes eingibt. Man speichert in dem Fall schlicht LOWER(eingabe) ab und fragt dann später ab, ob LOWER(eingabe) = ‚default'.

Wichtig ist außerdem noch die Funktion COALESCE. Diese ersetzt NULL-Werte (nicht 0, sondern NULL, Sie erinnern sich hoffentlich an die Erklärung oder schauen bitte nach) durch den angegeben neuen Wert. Also zum Beispiel:

SELECT name, COALESCE(gdp, 'unbekannt') FROM bbc ORDER BY name

Diese Abfrage liefert den Namen und das gdp, d. h. das Pro-Kopf-Einkommen jedes Landes. Falls das gdp bei einem Land NULL, also leer ist, wird „unbekannt" angezeigt. Probieren Sie das bitte in der bbc-Tabelle aus.

Man kann COALESCE beliebig oft verschachteln (nur selten nötig oder gar sinnvoll, aber immer möglich), das heißt beispielsweise solche Abfragen schreiben:

SELECT COALESCE (spalte1, spalte2, spalte3, ‚unbekannt') FROM tabelle

Die Abfrage wählt den Wert aus Spalte 1 der Tabelle aus, sofern Spalte1 nicht leer, also NOT NULL ist. Ist die hingegen leer, wird geprüft, ob Spalte 2 leer ist. Falls nicht, wird der Wert aus Spalte 2 genommen, sonst wird der Wert in Spalte 3 geprüft. Ist in Spalte 3 ein Wert gefüllt, wird dieser angezeigt, ist auch Spalte 3 leer, wird dagegen „unbekannt" angezeigt.

Eine weitere häufig gebrauchte Funktion erlaubt, abhängig von einer Bedingung ein unterschiedliches Ergebnis zu liefern. Die Syntax sieht wie folgt aus:

SELECT CASE WHEN bedingung THEN ergebnis1 ELSE ergebnis2 END FROM tabelle

Um dies konkreter zu beschreiben, nehmen Sie bitte an, Sie möchten aus der Ihnen inzwischen vermutlich schon gut vertrauten bbc-Tabelle die Länder auswählen und bei jedem Land angeben, ob jenes ein bevölkerungsreiches oder ein bevölkerungsarmes Land ist. Angenommen, die Grenze seien 50 Millionen Einwohner. Die entsprechende Abfrage sieht also aus:

SELECT name, CASE WHEN population >= 50000000 THEN ,bevölkerungsreich' ELSE ,bevölkerungsarm' END FROM bbc

Nun haben Sie die wichtigsten Abfragemöglichkeiten kennengelernt und (hoffentlich) auch schon verinnerlicht. Ihnen ist aber vermutlich ein sehr limitierender Faktor bei diesen Abfragen aufgefallen: Sie fragen stets lediglich eine einzige Tabelle ab! Auch das mag für einen absoluten Anfänger schon sehr kompliziert sein, in der Praxis kommt man damit aber in der Regel nicht zum Ziel.

In den meisten Fällen müssen Daten aus mehreren Tabellen abgefragt werden. Falls Sie sich dies noch nicht zutrauen oder nicht anschauen möchten, überspringen Sie diesen Teil gern und schauen sich schon mal die anderen SQL-Befehlstypen an.

Ansonsten merken Sie sich bitte unbedingt das Zauberwort JOIN. Vorsicht an dieser Stelle: Vielleicht haben Sie bei wenig versierten SQL-Nutzern oder auf schlecht gemachten Internetseiten die Möglichkeit gefunden, mit Kommata getrennt verschiedene Tabellen abzufragen. Diese Vorgehensweise ist sehr unpraktisch und höchst riskant und sollte daher unbedingt vermieden werden. Bitte benutzen Sie immer JOIN! Nachdem nun die Funktionsweise von JOIN erklärt wird, folgt eine Erläuterung, weshalb JOIN immer einer Komma-Verknüpfung vorzuziehen ist.

Also was hat es nun mit diesem JOIN auf sich? Auf der Ihnen schon bekannten Seite, auf der Sie die bbc-Tabelle kennengelernt haben, existieren weitere Test-Tabellen. Schauen Sie sich bitte die Tabellen hier an: https://sqlzoo.net/wiki/The_JOIN_operation .

Da sehen Sie drei Tabellen. Eine Tabelle namens „game", eine namens „eteam" und eine namens „goal".

- Die Tabelle „game" enthält die Spalten „id", „mdate", „stadium", „team1" und „team2".

- Die Tabelle „eteam" besteht aus den Spalten „id", „teamname" und „coach".

- Die Tabelle „goal" bietet die Spalten „matchid", „teamid", „player" und „gtime".

Sie sehen in der Darstellung der Tabellen, wie diese genau zueinander gehören, welche Beziehungen (z. B. 1:1 oder 1:n oder n:n Beziehungen) bestehen. Des Weiteren ist angegeben, welche Spalten Primärschlüssel (PK), Fremdschlüssel (FK) oder sonstige Spalten sind. Sie sollten sich bei Gelegenheit über diese Dinge informieren, das führt in diesem Buch zu weit (SQL und Datenbanken sind große Felder). Die nachfolgenden Erklärungen beschränken sich auf die Abfragemöglichkeiten und erläutern nicht detailliert den Aufbau von Datenbanken.

Sie können sich aber sicher, selbst wenn Sie kein Interesse an Fußball oder sogar keines an Datenbanken haben, denken, dass zum Beispiel in der Tabelle „goal", die alle Tore der Europameisterschaft 2012 enthält, in der Spalte „matchid" das Spiel angegeben ist, in dem das Tor fiel. Und in der Spalte „teamid" steht die Mannschaft, die das Tor erzielt hat.

Das bedeutet also, dass die Tabelle „goal" falls nötig sowohl mit der Tabelle „game" verknüpft werden kann (über die Spalte „matchid") als auch mit der Tabelle „eteam" (über die Spalte „teamid").

Schauen Sie sich bitte die Übungen auf der Seite an und führen Sie die erste durch. Sie haben wohl keine großen Probleme, auf die Lösung zu kommen. Die Abfrage begnügt sich mit einer einzigen Tabelle (Tabelle „goal") und sieht so aus:

SELECT 56atched, player FROM goal WHERE teamid = 'GER'

Die Abfrage verrät Ihnen beispielsweise, dass Lars Bender im Spiel mit der matchid 1012 ein Tor erzielt hat. Die Abfrage verrät jedoch nicht, welche Mannschaften in diesem Spiel aufeinandergetroffen sind, denn diese Daten befinden sich in der Tabelle „game" und nicht in der Tabelle „goal". Wenn Sie also sowohl den Torschützen als auch alle Informationen über das Spiel, in dem er getroffen hat, abfragen möchten, müssen Sie in einer Abfrage sowohl die Tabelle „goal" als auch die Tabelle „game" abfragen. Zur Erinnerung: Die Angabe, in welchem Spiel das Tor gefallen ist, steht in der Spalte „matchid". Das heißt, die Verknüpfung mit der Tabelle „game" sieht so aus: goal.matchid = game.id

Und nun kommt das angesprochene Schlüsselwort JOIN ins Spiel:

SELECT goal.player, game.* FROM goal JOIN game ON goal.matchid = game.id

Puh, was ist das denn für eine seltsame Abfrage, mögen Sie vielleicht im ersten Moment denken. Nun, der Ausdruck goal.player bedeutet nichts anderes, als dass die Spalte „player" aus der Tabelle „goal" ausgewählt werden soll. Der folgende Ausdruck game.* besagt, dass zusätzlich alle Spalten aus der Tabelle „game" ausgewählt werden sollen. Allgemein gibt man also bei einer Abfrage, die Daten aus mehreren Tabellen abfragt, die auszuwählenden Daten in der Form tabelle.spalte an.

Das * kennen Sie schon aus den Abfragen einer einzigen Tabelle und besagt nichts anderes, als dass alle in der angegebenen Tabelle enthaltenen Spalten abgefragt wer-den sollen, hier also alle Spalten aus der Tabelle „game". Das Schlüsselwort JOIN besagt, dass Sie eine Tabelle x mit Tabelle y verknüpfen, hier die Tabelle „goal" mit der Tabelle „game". Nach dem Schlüsselwort ON folgt die Bedingung, über welche Spalten die Verknüpfung erfolgt.

Hier wird also anhand der Bedingung verknüpft, dass der Wert der Spalte „matchid" in der Tabelle „goal" dem Wert der Spalte „id" in der Spalte „game" entspricht. So wird also sichergestellt, dass die Abfrage beispielsweise für den oben erwähnten Torschützen Lars Bender ausschließlich diejenigen Spiele anzeigt, in denen er tatsächlich mindestens einen Treffer erzielt hat, sprich zum Beispiel keinerlei Spiele ohne Beteiligung der deutschen Mannschaft.

Es gilt bei diesen Abfragen, einige wichtige Dinge zu beachten. Zum Beispiel kann man auch auf die Angabe verzichten, aus welcher Tabelle man die Spalte auswählt, wenn die Spalte nur in einer der ausgewählten Tabelle existiert. SQL ist so intelligent und „denkt sich das". Das ist allerdings nur dann eine sinnvolle Vorgehensweise, wenn man die Tabellen genau kennt und weiß, dass auch niemand Änderungen an der Datenbank vornimmt, denn angenommen, Sie erstellen ein Programm, das solch eine Abfrage ausführt, und in der Zwischenzeit hat jemand ohne Ihr Wissen eine Spalte gleichen Namens in der anderen Tabelle angelegt. Dann weiß SQL nicht mehr, welche Tabelle Sie meinen und Sie bekommen eine Fehlermeldung. Noch einmal konkret: Sie ändern die Abfrage von oben ...

> **SELECT goal.player, game.* FROM goal JOIN game ON goal.matchid = game.id**

zu dieser hier:

> **SELECT player, game.* FROM goal JOIN game ON 59atched = id**

Probieren Sie es, die Abfrage wird weiterhin ausgeführt und liefert das identische Ergebnis, denn die Spalte „player" gibt es nur in der Tabelle „goal", nicht in der Tabelle „game". Die Spalte „matchid" existiert ebenfalls nur in der Tabelle „goal", während die Spalte „id" nur in der Tabelle „game" vorhanden ist.

Sobald aber auch nur eine dieser Spalten in beiden Tabellen enthalten ist, schlägt die untere Abfrage fehl, weil SQL dann nicht mehr weiß, welche Tabelle Sie meinen. Beispielsweise nach Anlage einer Spalte namens „id" in der Tabelle „goals" wäre in der unteren Abfrage ganz am Ende im Ausdruck „matchid = id" nicht mehr klar, ob die Spalte „id" aus der Tabelle „game" oder die Spalte „id" in der Tabelle „goal" gemeint ist.

Die obere Abfrage dagegen ist eindeutig, da bei jeder Spalte die zugehörige Tabelle explizit angegeben ist. Diese Abfrage würde also im geschilderten Fall weiterhin erfolgreich ausgeführt, da der Ausdruck im Gegensatz zur unteren Abfrage „goal.matchid =

game.id" statt „matchid = id" heißt. Somit erkennt SQL, dass die Spalte „id" aus der Tabelle „game" gemeint ist und nicht jene aus der Tabelle „goal".

Um „auf Nummer sicher" zu gehen, sollten Sie einfach bei allen Spalten die Tabelle explizit angeben, so können Sie sämtliche mögliche Fehler ausschließen, die durch mehrdeutige Spaltenaufrufe auftreten könnten.

Ganz wichtig ist zudem, dass Sie die korrekte Einschränkung vornehmen, anhand derer die verschiedenen Tabellen verknüpft werden sollen. Also den Ausdruck nach dem Schlüsselwort ON kontrollieren. Empfehlenswert ist insbesondere bei längeren Abfragen, dass Sie außerdem für die Tabellen einen Alias benutzen, damit Sie jene nicht bei jedem Vorkommnis in der Abfrage ausschreiben müssen. Bei kurzen Tabellennamen wie „goal" oder „game" spielt das keine große Rolle. Heißen Ihre Tabellen beispielsweise aber „transactions" und „shops", macht es durchaus einen Unterschied, ob Sie die Abfrage so gestalten:

SELECT shops.code, transactions.date, transactions.amount FROM shops JOIN transactions ON shops.id = transactions.shop_id WHERE shops.id = 1

... oder mit Nutzung von Alias:

> **SELECT s.code, t.date, t.amount FROM shops s JOIN transactions t ON s.id = t.shop_id WHERE s.id = 1**

Wie angekündigt soll nun noch gezeigt werden, wieso von einer Komma-Verknüpfung abgesehen werden sollte. Schauen Sie dich dazu bitte folgendes Beispiel an:

> **SELECT goal.player, game.stadium, eteam.teamname FROM goal JOIN game ON goal.matchid = game.id JOIN eteam ON goal.teamid = eteam.id WHERE eteam.teamname IN ('Germany', 'Portugal', 'Netherlands') AND game.stadium = 'Metalist Stadium'**

Diese Abfrage verknüpft drei Tabellen: „goal", „game" und „eteam". Sie wählt aus der Tabelle „goal" die Spalte „player" aus, aus der Tabelle „game" die Spalte „stadium" und aus der Tabelle „eteam" die Spalte „teamname". Die Tabellen werden dabei wie folgt verknüpft: Die Spalte „goal.matchid" entspricht der Spalte „game.id" und die Spalte „goal.teamid" entspricht der Spalte „eteam.id". Im WHERE gibt es zwei Bedingungen: Erstens muss die Mannschaft, die das Tor erzielt hat, also die Spalte „eteam.teamname", entweder Deutschland, Portugal oder die Niederlande sein, zweitens werden nur Tore, die im Stadion (Spalte „game.stadium") „Metalist Stadium" erzielt wurden, angezeigt. Testen Sie die Abfrage gern, sie liefert tatsächlich exakt das beschriebene Ergebnis. Nun kann man diese Abfrage umschreiben und die Tabellen statt mit JOIN mit Kommas verknüpfen:

> **SELECT   goal.player,   game.stadium, eteam.teamname FROM goal, game, eteam**
>
> **WHERE   goal.matchid   =   game.id   AND goal.teamid = eteam.id**
>
> **AND eteam.teamname IN („Germany', „Portugal', „Netherlands') AND game.stadium = „Metalist Stadium'**

Probieren Sie es aus, das Ergebnis ist identisch wie zuvor. Allerdings ist die Angabe der Spalten, über die die Tabellen verknüpft werden, bei einem JOIN obligatorisch und steht, wie Sie oben sehen, direkt beim JOIN, d. h. direkt im FROM und nicht erst im WHERE, wie das bei der Komma-Verknüpfung der Fall ist.

Man sieht also direkt, wie die Tabellen, aus denen die Daten ausgewählt werden, verknüpft werden. Ohne Angabe dieser Verknüpfungen beim JOIN wird die Abfrage gar nicht erst ausgeführt. Dagegen ist die Angabe dieser Verknüpfungen bei der Variante mit Kommata optional und kann an beliebiger Stelle irgendwo im WHERE erfolgen. Auch wenn man alle oder manche dieser Bedingungen weglässt, beschwert sich SQL nicht, sondern versucht, die Abfrage auszuführen.

Das ist also eine in verschiedener Hinsicht höchst riskante Vorgehensweise. Erstens ist es sehr unübersichtlich, Verknüpfungen zwischen den Tabellen nicht direkt im FROM, sondern irgendwo im WHERE zu finden, da im WHERE auch ganz andere Bedingungen (wie in diesem Beispiel zu sehen) angegeben werden können.   Zweitens beschwert sich SQL nicht, wenn Sie zum Beispiel die Bedingung „AND goal.teamid = eteam.id" vergessen, sondern versucht, die Abfrage trotzdem auszuführen.

In diesem Beispiel gelingt das zwar, Sie bekommen dann aber viel zu viele Datensätze angezeigt, nämlich auch Tore des Spielers „Michael Krohn-Deli". Der spielte aber für Dänemark, dürfte also nicht ausgewählt werden. In größeren Datenbanken kann die Abfrage bei solchen fehlenden Verknüpfungen im schlimmsten Fall gar nicht ausgeführt werden, sondern erzeugt ein Timeout, d. h. sie braucht zu lange, weil sie zu viele Daten auszuwählen versucht. Drittens entspricht eine Komma-Verknüpfung immer einem JOIN und nicht zum Beispiel einem LEFT JOIN. Stellen Sie also im Nachhinein fest, dass Sie statt eines JOIN ein LEFT JOIN benötigen, müssen Sie bei der Verknüpfung mit JOIN lediglich ein LEFT ergänzen, während im Fall der Komma-Verknüpfung die Abfrage komplett umgestaltet werden müsste.

Jetzt mag Ihnen möglicherweise schon der Kopf qualmen angesichts der nahezu unbegrenzten Möglichkeiten von SQL, doch die hier aufgeführten Beispiele und Abfragen kratzen allenfalls an der Oberfläche. Es ist unmöglich, Ihnen hier alle möglichen Fälle zu erklären. Auch hier die Bitte an Sie: Schauen Sie gern in weiterführende Fachliteratur.

Falls Sie sich in diesem Bereich weiterbilden möchten, sollten Sie recherchieren, was der Unterschied zwischen JOIN, INNER JOIN, LEFT JOIN, OUTER JOIN etc. ist (eben schon kurz erwähnt). Sie sollten sich in diesem Fall außerdem anschauen, was das Schlüsselwort UNION macht. An dieser Stelle sei der kleine Streifzug durch die Weiten der SQL-Abfragen beendet. Sie sollten nun zumindest die Grundsätze verstanden haben und in der Lage sein, einfache Abfragen zu entwerfen und zu prüfen, ob diese zum gewünschten Resultat führen. Es ist nun an der Zeit, Daten zu verändern, statt sie nur anzuzeigen.

DELETE

Die Syntax von DELETE-Befehlen, also Löschvorgängen, wurde Ihnen bereits vorgestellt. Auch haben Sie bereits erfahren, dass es sinnvoll ist, zuerst eine Abfrage zu erstellen, um die Korrektheit des Löschvorgangs zu überprüfen. Hier soll nun noch gezeigt werden, auf was bei DELETE-Befehlen außerdem zu achten ist.

Ganz wichtig ist nämlich, sich zu verinnerlichen, dass ein DELETE grundsätzlich nicht das Ergebnis eines SELECTs löschen kann, da das Ergebnis eines SELECTs keine Tabelle, sondern wenn überhaupt die Abbildung einer Tabelle ist. „Wenn überhaupt", da es auch die Abbildung verschiedener Tabellen oder Teilen von Tabellen sein kann. Diese Erkenntnis mag zunächst im Widerspruch zu dem eben erwähnten Ratschlag zu stehen scheinen, die zu löschenden Daten mittels SELECT zu ermitteln. Solange man nur eine einzige Tabelle betrachtet, spielt der Unterschied zwischen der Tabelle und dem Ergebnis des SELECTs auch keine große Rolle beim Löschen der Daten.

Erinnern Sie sich bitte an die im vorherigen Abschnitt präsentierten Tabellen zur Europameisterschaft oder schauen Sie nach. Da gibt es eine Tabelle namens „goal". Stellen Sie sich nun bitte zunächst vor, Sie möchten – warum auch immer – alle von Lukas Podolski erzielten Tore löschen. Das ist einfach, da der Torschütze direkt in der Tabelle „goal" zu finden ist. Sie können also in diesem Fall tatsächlich zunächst folgende Abfrage ausführen:

SELECT * FROM goal WHERE player LIKE ‚%Podolski'

(Sie sehen, er hat nur ein Mal getroffen)

... und aus dem „SELECT * FROM" ein „DELETE" machen:

DELETE goal WHERE player LIKE '%Podolski'

Schon ist der Treffer von Herrn Podolski gelöscht.

Stellen Sie sich nun jedoch bitte vor, Sie möchten stattdessen alle Tore löschen, die im Stadion in Warschau erzielt wurden. Sie merken, dass dies deutlich schwieriger ist, denn die Tabelle „goal" enthält nicht direkt die Information, welche Treffer in Warschau erzielt wurden, sondern die Tabelle enthält lediglich eine Spalte „mat-chid".

Falls Sie nicht den kompletten Inhalt der Tabelle „game" auswendig kennen und wissen, welches Spiel welche id hat und welches Spiel in welchem Stadion

stattfand, ist also ein JOIN erforderlich, um an diese Informationen zu gelangen. Falls Sie JOIN inzwischen
gut beherrschen, sollten Sie problemlos auf die korrekte Abfrage kommen:

> **SELECT goal.*, game.stadium FROM goal
> JOIN game ON goal.matchid = game.id WHERE
> game.stadium LIKE '%Warsaw%'**

Als Ergebnis bekommen Sie wie gewünscht alle in
Warschau erzielten Tore in Form einer Tabelle angezeigt. Dabei handelt es sich aber nicht um eine tatsächlich existente Tabelle, aus der Sie Daten löschen können, sondern um ein Resultat, das aus mehreren Tabellen zusammengestellt wurde. SQL ist zwar in der Lage,
Ihnen diese unterschiedlichen Daten in einer Tabelle
zusammengefasst anzuzeigen. Dies ändert aber nichts
daran, dass Sie nur aus einer der zugrundeliegenden
Tabellen, d. h. einer in der Datenbank und nicht nur als
Ergebnismenge vorhandenen Tabelle, Daten löschen
können.

Sie haben, wie erwähnt, die beiden Tabellen „goal"
und „game" abgefragt, möchten aber ausschließlich
aus der Tabelle „goal" Daten löschen (nämlich die Tore,
also Datensätze der Tabelle „goal", die in Warschau erzielt wurden). Die Tabelle „game" soll nicht verändert

werden! Das bedeutet also, dass Ihr Löschvorgang definitiv wie folgt beginnen muss:

DELETE goal WHERE

Nun fehlt Ihnen noch die Bedingung für das WHERE. Diese Bedingung entspricht zumindest ungefähr Ihrer vorherigen Abfrage, in der Sie alle in Warschau erzielten Tore ermittelt haben:

SELECT goal.*, game.stadium FROM goal JOIN game ON goal.matchid = game.id WHERE game.stadium LIKE '%Warsaw%'

Eine Abfrage hat allerdings nicht den Typ „bool", ist also nicht wahr oder falsch, sondern liefert eine Auswahl von Datensätzen. Ein WHERE verlangt aber immer genau diesen Typ. Sie müssen daraus also eine Bedingung konstruieren. Sie erinnern sich möglicherweise an die in diesem Buch bereits vorgestellte Variante IN, mit der Sie prüfen können, ob ein Datensatz in einer Liste von Datensätzen enthalten ist.

Somit ist der erste Schritt, um zu Ihrem benötigten Löschvorgang zu gelangen, den Ausdruck im WHERE mittels IN zu einem Ausdruck des Typs bool umzuformen:

DELETE goal WHERE 68atched IN (SELECT goal.*, game.stadium FROM goal JOIN game ON

```
goal.matchid = game.id WHERE game.stadium
LIKE '%Warsaw%')
```

Dieses DELETE sieht nun schon ziemlich gut aus. Sie versuchen korrekterweise, diejenigen Datensätze zu löschen, bei denen die matchid Teil Ihrer zuvor ermittelten Datensätze ist. Allerdings werden Sie feststellen, dass dies noch kein valider Löschvorgang ist, denn das SELECT ermittelt nicht nur die „matchid", die Sie aber überprüfen möchten, sondern zahlreiche weitere Spalten. Sie müssen das SELECT daher einschränken, sodass ausschließlich die „matchid" ausgewählt wird:

```
DELETE goal WHERE 69atched IN (SELECT
goal.matchid FROM goal JOIN game ON
goal.matchid = game.id WHERE game.stadium
LIKE '%Warsaw%')
```

Damit werden nun tatsächlich alle in Warschau erzielten Tore gelöscht.

UPDATE

Bei einem UPDATE, sprich einer Aktualisierung, sind mindestens dieselben Dinge zu beachten wie bei einem DELETE: Man kann nur Datensätze in einer Tabelle und nicht solche aus dem Ergebnis einer Abfrage aktualisieren und man sollte aufpassen, dass man keine Datensätze anfasst, die man gar nicht ändern möchte.

Zusätzlich muss bei einer Aktualisierung jedoch darauf geachtet werden, dass man keine ungültigen Werte angibt. Das mag völlig logisch klingen, erfordert aber durchaus Aufmerksamkeit. Ein sehr simples Beispiel, den korrekten Datentyp zu nutzen, wäre, dass man in die Spalte „zahl1" in der Tabelle „zahlen", wenn diese Spalte den Typ „integer" (also Ganzzahl) hat, keine sonstigen Daten einfügen kann. Falsche Befehle werden nicht ausgeführt und münden in einer Fehlermeldung. Zum Beispiel:

UPDATE zahlen SET zahl1 = ‚fünf' WHERE zahl1 = 5 → ‚fünf' ist keine Zahl, sondern eine Zeichenkette.

UPDATE zahlen SET zahl1 = zahl2 /2 → Würde nur funktionieren, wenn die Spalte „zahl2" ausschließlich aus geraden Zahlen besteht. Für ungerade Zahlen ergibt die Division durch 2 keine Ganzzahl.

In mögliche Fehler bei einem UPDATE rennt man allerdings schneller, als man vielleicht meint. Zum Beispiel, wenn die Spalte eine geringere Zeichenlänge erlaubt, als der Wert hat, den Sie angeben (weil Sie die erlaubte Zeichenlänge möglicherweise gar nicht kennen). Sie werden, falls Sie regelmäßig Aktualisierungen durchführen möchten, wahrscheinlich schnell auf solche Probleme unzulässiger Werte treffen. Erinnern Sie sich dann bitte an dieses Buch und prüfen Sie, welche Daten erlaubt sind.

Eine wichtige Sache noch zum Thema UPDATE: Wenn Sie eine Spalte leeren möchten (das ist erfahrungsgemäß eine sehr oft benötigte Funktion), als Beispiel in einer Tabelle namens „tabelle" die Spalte „spalte1", so schreiben Sie

UPDATE tabelle SET spalte1 = NULL

INSERT

Blättern Sie bitte, falls nötig, einige Seiten zurück und schauen Sie noch einmal auf Seite 28 dieses Buches. Sie haben dort bereits die Syntax und einige Beispiele für ein INSERT, also das Einfügen von Daten in eine Tabelle, kennengelernt. Hier noch einmal der Beispielbefehl:

INSERT INTO zahlen (zahl1, zahl2) VALUES (5,8)

Selbstverständlich gelten für ein INSERT dieselben Bedingungen wie für ein UPDATE oder DELETE, des Weiteren die auf Seite 28 schon erwähnten Punkte. Allerdings gibt es noch eine weitere wichtige Sache, die Sie unbedingt beachten müssen: Sie müssen bei jedem Einfügen jede Spalte füllen, die NOT NULL ist, d. h. die nicht leer gelassen werden darf! Alle anderen Spalten können, müssen aber nicht angegeben werden. Falls optionale Spalten angegeben werden, muss dies natürlich sowohl in der Liste der Spalten als auch in jener der Werte zu finden sein. Sonst kommt es ebenso zu einem Fehler, als würden Sie NOT-NULL-Spalten nicht angeben. Nehmen Sie bitte als Beispiel an, es gibt eine Tabelle namens „person". Die Tabelle enthält die NOT-NULL-Spalten „vorname", „nachname" und „alter" sowie die NULL-Spalten „familienstand", „wohnort" und „beruf".

Sie müssen also bei jedem Insert die drei erstgenannten und können optional die drei letztgenannten Spalten füllen. Sie können auch zwischendurch NOT-NULL-Spalten weglassen oder die Reihenfolge der Spalten tauschen.

Einige Beispiele dazu:

INSERT INTO person (vorname, nachname, alter) VALUES ('Max', 'Mustermann', 18) → Der Befehl wird korrekt ausgeführt und füllt ausschließlich

NOT-NULL-Spalten. Die NULL-Spalten bleiben zulässigerweise leer.

INSERT INTO person (vorname, nachname, alter, familienstand, wohnort, beruf) VALUES ('Linda', 'Musterfrau', 30, 'verheiratet', 'Berlin', 'Lehrerin') → Der Befehl wird korrekt ausgeführt und füllt alle vorhandenen Spalten.

INSERT INTO person (wohnort, vorname, alter, nachname) VALUES ('Hamburg', 'Peter', 27, 'Müller') → Der Befehl wird korrekt ausgeführt und füllt neben allen NOT-NULL-Spalten auch die NULL Spalte „wohnort".

INSERT INTO person (vorname, nachname) VALUES ('Anna', 'Schneider') → Der Befehl wird nicht ausgeführt, da die NOT-NULL-Spalte „alter" nicht angegeben wurde.

INSERT INTO person (vorname, nachname, alter) VALUES ('Frank', 40, 'Schmidt') → Der Befehl wird nicht ausgeführt, da 'Schmidt' keine Zahl ist, aber hier versehentlich als Wert für die Spalte „alter" angegeben wurde.

INSERT INTO person (vorname, nachname, alter, wohnort, beruf) VALUES ('Julia', 'Kunz', 35, 'Ärztin', 'Köln') → Der Befehl wird ausgeführt, da er alle NOT-NULL-Spalten füllt und auch sonst gegen keine Bedingung verstößt. Dass versehentlich Wohnort und Beruf vertauscht wurden, „interessiert" SQL nicht, da SQL ausschließlich die Syntax und Einhaltung von Datentypen prüft und keine sprachlichen Belange.

Fazit

Sie haben während der Lektüre dieses Buches vieles gelernt, aber vieles auch (noch) nicht. Sie wissen nun, was eine Datenbank ist und wozu man sie braucht. Außerdem wissen Sie, was SQL ist und was man damit macht. Sie kennen ebenfalls zumindest Grundsätze von SQL und die meistgebrauchten Befehlsarten.

Sie können viele davon auch schon (je nach Talent und Fleiß) mehr oder weniger gut anwenden. Falls Sie sich damit begnügen und nicht mehr über Datenbanken und SQL erfahren möchten, lesen Sie dieses Kapitel vermutlich gar nicht mehr oder schauen sich zukünftig keine Bücher oder Artikel mehr über diese

Themen an. Falls Sie dagegen Interesse oder sogar „Feuer gefangen" haben und mehr über SQL und Datenbanken erfahren möchten, so sollten Sie bei der Suche nach weiterführender Lektüre beispielsweise folgende **Fragen** in Betracht ziehen, **die in diesem Buch nicht beantwortet werden konnten:**

- Wie erstellt man eine Datenbank?

- Wie verwaltet man eine Datenbank?

- Wie ist eine Datenbank aufgebaut?

- Was ist der Unterschied zwischen MS SQL- und Oracle-Datenbanken?

- Was ist ein Index?

- Was ist ein Schlüssel?

- Was ist eine Prozedur?

- Was ist der Unterschied zwischen LEFT JOIN, INNER JOIN, OUTER JOIN etc.?

- Was macht man mit dem Schlüsselwort UNION?

- Wie ändere ich bestehende Spalten?

- Wie lösche ich Tabellen?

- Was bedeutet es, wenn bei einem UPDATE oder INSERT ein Schlüssel verletzt würde?

Diese Auswahl stellt nur einen Bruchteil der schier unendlichen Welten von Datenbanken und SQL dar und selbst SQL-Experten lernen täglich noch dazu –

zumindest, wenn sie nicht nur bis zum eigenen Gartenzaun blicken. SQL ist sehr schwierig, aber auch sehr spannend und mächtig zugleich. Entscheiden Sie selbst, ob Ihnen dieser kleine Rundgang schon genügt hat oder ob auch Sie zu einem SQL-Experten werden möchten.

Weiterführende Literatur-empfehlungen

An dieser Stelle finden Sie empfehlenswerte Bücher, wenn Sie Ihr Wissen über SQL und Datenbanken vertiefen möchten.

Laube, Michael (2019): Einstieg in SQL: Für alle wichtigen Datenbanksysteme: MySQL, PostgreSQL, MariaDB, MS SQL. Über 600 Seiten. Ohne Vorwissen einsteigen. Rheinwerk Computing.

Schicker, Edwin (2017): Datenbanken und SQL: Eine praxisorientierte Einführung mit Anwendungen in Oracle, SQL-Server und MySQL (Informatik & Praxis) Springer Vieweg.

Saake Gunther, Sattler Kai-Uwe, Heuer Andreas (2018): Datenbanken - Konzepte und Sprachen (mitp Professional) mitp-Verlag.

Herstellung und Verlag:

BoD – Books on Demand, Norderstedt

ISBN: 9783755770886

1. Auflage

Kontakt: Psiana eCom UG/ Berumer Str. 44/ 26844 Jemgum

Covergestaltung: Fenna Larsson

Coverfoto: depositphotos.com